CATALOGUE DES TRAITEZ

QUE LE S^R BOSSE A MIS AU JOUR,

Avec une déduction en gros de ce qui est contenu en chacun.

Puis par digression quelques Recits & Avis necessaires.

LE PREMIER contient une Pratique Universelle de tracer toutes sortes de Cadrans Solaires à la Françoise, sur des Superficies regulieres & irregulieres, plattes & courbes, par trois poins d'ombre, sans secours de l'Astronomie ; une, par le moyen de deux points d'ombre, en sachant la declinaison du Soleil à l'heure de l'observation ; & en fin par vn seul point d'ombre, ayant aussi cette Declinaison & l'Elevation du Pole, le tout avec sa preuve, & pour y placer les signes & les heures à l'Italienne ou à la Babiloniene, celle à l'Antique ou à la Juifve, marquer l'Elevation du soleil sur l'horison, & son Orientement ; Et en fin une pratique de tracer toutes les douze lignes des heures égales à la Françoise aux Cadrans plats dont l'Essieu rencontre la surface de biais, en l'Etendue où l'on travaille, sans que l'on ait besoin d'une plus grande place. On nottera, que dans ce Traité, cette Pratique Universelle y est expliquée pour quatre sortes de personnes. Premierement en bref pour les Theoriciens. 2. Pour ceux qui ont de la Geometrie du moins pratique. 3. Pour les ouvriers de plusieurs sortes d'Arts ; Et en fin, bien amplement pour toutes personnes qui n'ont aucune de ces connoissances. *Il est in-8° & imprimé en 1643.* — *Cadrans Solaires.*

Le 2me, Une Maniere ou Pratique Universelle du TRAIT à preuve de la Coupe des Pierres en l'Architecture, tirée d'un des Grands Geometres du Siecle ; avec nombre d'Estampes ou Figures, servant à faire voir son aplication aux divers rencontres & sujections, pour la commodité & solidité des Edifices ; Et à sa fin, quelques manieres particulieres sur plusieurs cas de cet Art ; premiere partie. *In-8 imprimé en 1643.* — *Coupe des Pierres.*

A

La Perſ-
pective pre-
miere par-
tie.

Le 3.ᵐᵉ Une maniere Univerſelle, de Pratiquer la Portraiture ou Perſpective ſur toutes Superficies ou Surfaces Plattes, Verticales, Horiſontales & Inclinées, comme on pratique le Geometral, tant pour trouver le Trait ou Contour des Objects, que la place de leurs jours, ombres & ombrages à toutes lumieres; Et en fin, la raiſon du Toucher de Fort & de Foible, leurs Teintes ou Couleurs, pour en bien exprimer le relief : Particularité de laquelle nul n'avoit écrit avant ces Traittez, & dont les demy-ſçavans envieux, qui d'abord en ont voulu railler, ne parlent à preſent que de Fort & de Foible, ſuivant les Couppes du Tableau, même pour les deſſeins Geometraux, tant d'Architecture militaire que Civile; Il y donne auſſi une pratique de Perſpective, par le moyen de la ligne des parties égales du Compas de proportion, & une autre par les angles, le tout ſans eſtre obligé de ſortir du champ de l'ouvrage ou Tableau, ny d'appliquer au bas d'iceluy, ſur la ligne ſouvent mal nommée ligne de terre, les plans Geometraux de ce que l'on veut repreſenter en perſpective; ſuffit ſeulement de les avoir à part en petit, ou le Devis par écrit. C'eſt la Premiere Partie, laquelle eſt *In-8°. imprimée en 1647.* Et d'autant qu'il y a des Critiqueurs qui ne connoiſſant pas bien l'Univerſalité des Regles que contient ce Traité, ny juſques où l'on peut étendre ce qui eſt expliqué en ſes Eſtampes ou Planches 53. 54. 55. 56. 67. 72. 84. 87. 101. 102. 140, & vers ſa fin, celles où ſont les demonſtrations geometriques, diſent, en ſçavoir où l'on n'eſt point obligé de faire aucun plan, ny prendre de diſtance, & qu'ils peuvent diviſer perſpectivement des lignes fuyantes & des diagonales en tel nombre de parties deſirées, & meſme y en ajoûter à leurs extrémitez ; & de plus travailler de haut en bas ſans tracer d'échelle fuyante au Tableau, &c. Cela a fait que le Sieur Boſſe y ajoûte un petit Cahier qui contient pluſieurs de ces cas particuliers, outre ce qu'il en a donné en ſondit Traité, & en celuy des Leçons Geometrales & Perſpectives expliquées par luy en l'Academie Royale de Peinture & Sculpture, aux Eſtampes 55. 56. & 66. qui les comprend tous. D'autres ont dit & diſent encor ſans nulle raiſon, qu'il eſt trop long, & meſme obſcur, manque de l'avoir bien leu ; puis que la pratique y eſt repreſentée en une ſeule Eſtampe, cottée 150. & expliquée en deux & trois pages de diſcours, & au commencement en 7. ou 8. puis comme j'ay dit en deux par les angles, & par une ſeule, au moyen des parties égales du Compas de proportion : Ainsi je laisse à juger de la capacité ou sincerité de tels Critiqueurs, à comparaison de ceux qui en ayant compris la pratique & l'universalité en moins de deux heures en ont admiré la simplicité & la facilité.

Mais à present l'on a la satisfaction de voir de jour à autre, s'introduire parmy nombre de Peintres & tels autres Dessinateurs, les Pratiques Universelles qu'ils ont tant rejettées, de sçavoir representer tant en Geometral qu'en Perspective, les Plans, Elevations & Profils de divers Objets dont ils veulent composer leurs Desseins & Tableaux; au lieu de leurs pratiques tastonneuses & fautives, & qu'ils confessent avoir à tort voulu les soûtenir bonnes, & dire qu'il faloit dessiner & peindre leurs objets comme l'œil les voit.

Le 4.me un autre Volume contenant la seconde partie de cette Perspective, pour faire la Representation de toutes sortes d'Objets sur les Tableaux irreguliers, inclinez, plats & courbes, (sçavoir) sur les diverses Voûtes & Plats-fons, puis au dedans des Couppes ou Dômes, mesme sur un Rocher si on y estoit obligé, & y trouver les places de leurs jours, ombres & ombrages à toutes lumieres, puis la force & foiblesse des touches teintes ou couleurs; Et le tout au moyen d'un petit Tableau modelle, fait & treillisé ou carrelé geometralement ou perspectivement, & en suite fait le mesme dessus le lieu naturel, pour y reduire comme au petit pied, treillis par treillis, ou carré par carré, le contenu en celuy du petit Tableau modelle. L'on y a aussi ajoûté vers sa fin une Estampe au sujet des Dômes ou Couppes, pour faire connoistre qu'il n'y doit avoir qu'un point de veuë à chacun, & non pas quatre comme il s'est fait en quelques lieux. Sur la fin dudit Traité, est la maniere de conduire des hacheures en l'art de graver en Taille-douce sur le nud des Figures & autres Corps qui ne sont point tréniez ou croisez, comme les toiles, camelots, moüaires, & semblables étoffes, qui d'eux-mesmes donnent lieu à cette conduite. *Il est In-8°. imprimé en 1653.* *Perspective deuxième partie.*

Le 5.me; Un Traité de l'art de graver en Taille-douce sur l'airain, par le moyen des Eaux-fortes, & des Vernix durs & mols; puis la maniere d'en construire la Presse pour en imprimer les Planches; avec la description des choses necessaires à cela, & d'autres curieuses particularitez dont nul n'avoit encore écrit. Cet art de Graver a esté la premiere profession du Sieur Bosse & la Peinture; puis en suite toutes les particularitez déduites aux *De la Gravure à l'eau forte.*

A ij

Traitez de ce Catalogue. Ceux qui ont connoissance de ladite Graveure demeurent d'accord, qu'il le l'a portée au plus haut degré de netteté, pour approcher de celle au Burin ; ce qui peut estre confirmé par un tres grand nombre de ses Estampes, lesquelles jointes à celles qui servent de titres à ces Traitez, font connoistre que son travail n'est pas inutile au Public, & qu'il a receu en mettant le premier ce Traité au jour, une partie de la satisfaction qu'il avoit esperée, que nombre d'excellens Peintres & Dessinateurs Originaux, pourroient plus promptement & facilement par son moyen, nous donner des impressions de leurs rares pensées, & les bons Copistes, celles de nos sçavans Predecesseurs ; *Il est In-8º imprimé en 1645.*

Sur la Peinture.

Le 6.me est un Traité des Sentimens du Sieur Bosse sur la distinction des Tableaux originaux & copies, & sur leurs diverses manieres ; puis le mesme des Estampes ou Tailles-douces, & autres belles & curieuses particularitez sur l'art de la Peinture & de la Portraiture à veüe d'œil ; ensemble le placement des Tableaux, tant verticaux que horizontaux : Il le l'a dedié à Messieurs de l'Academie R. de la P. & Sculpture. *Il est In-12. & imprimé lors qu'il y donnoit Leçon en 1649*

Proportion des figures humaines.

Le 7.me, Un autre petit Volume *In-16. imprimé en 1659* contenant les proportions geometrales de quatre des plus belles figures de Sculpture antique qui sont dans Rome, sçavoir, *l'Hercule du Palais Farneze*, le *Meleagre*, *l'Apolon*, & la *Venus en celuy de Medicis*, & sur la fin, la proportion d'une de ces figures par des Axes ou Essieux en ligne droite, placez aux endroits où se rencontrent d'ordinaire les Os d'un Squelette, par la mesure du pied, pouce & ligne, en attendant aussi sur cela quelque chose de bien plus complet, utile & facile à pratiquer, que ce que nous en avons des Sçavans *Albert Durer*, *Paul l'Hommasse*, *Iean Cousin &c.* J'ay sçeu du Sieur Bosse que suivant ces excellens Auteurs, l'on peut bien dessiner par le moyen d'une Echelle de mesure, les hauteurs & largeurs d'un Corps humain, veu de front par son devant ou majesté, & par son derriere (sçavoir) depuis le sommet de la teste jusques au bas du ventre & des fesses, à cause que tirant une ligne a plomb par son milieu, un costé est égal & semblable à l'autre, ainsi que d'une colonne ; mais qu'il n'en sera pas le mesme pour les largeurs en le voyant par son profil, ny non plus pour les bras, cuisses, jambes, pieds & mains, puis que leurs costez opposez sont quasi tous differens ; à moins d'y placer aussi une ligne droite par le milieu en forme d'axes ou d'essieux, pour de part & d'autre y porter les mesures requises, sur des droites de front perpendiculaires à ces essieux; car de faire autrement, il est impossible qu'un Disciple puisse en venir à bout sur ce qui en est expliqué par cesdits Auteurs; Et c'est ce que le Sieur Bosse a promis de faire à la fin de ce petit Traité de proportions, au moyen de cette forme de Squelette par lignes droites; Cecy soit dit par avance pour ceux qui franchement & sans esiter s'appliquent hardiment les découvertes d'autruy, quand ils en peuvent avoir la communication.

Le 8.me, Un Traité contenant les Ordres de Colonnes de la belle & bonne Architecture, partie tirée de *Vitruve*, *Paladio*, *Scamozzi*, *Vignole*, & de plusieurs fragmens Antiques; faits par une pratique plus naturelle, complette, juste, facile & prompte à effectuer, qu'aucunes qui ayent parû; avec le moyen d'en tracer tous les profils; car outre la mesure ordinaire du Module & ses parties & reparties d'icelles, il y donne celle du pied, pouce & ligne, aussi grand, plus grand, ou plus petit que celuy que nous nommons de Roy; pour la facilité de très-grand nombre d'Ouvriers, & de sorte que ceux qui travaillent de Portraiture ou Perspective ne soient obligez de faire sur leurs Desseins & Tableaux trois échelles pour une; Il y traitte aussi plusieurs choses qui concernent cette Architecture, desquelles (*est à remarquer que*) nul n'en avoit rien executé ny écrit. *L'Architecture.*

Premierement, De l'art de construire les Degrez ou Escaliers de consideration avec ornemens, sans ressauts ou fausse rencontre, interruption du paralellisme à leurs limons & appuis, ny d'irregularité aux repos ou paliers, hauteur & giron des Marches, & à l'ajustement ou placement des Balustres sur icelles.

Secondement, Du moyen d'arrester sur le papier les desseins des Bastimens, & la proportion de leurs Ordres & autres ornemens ou decorations mis sur iceux, en sorte que l'on soit asseuré qu'estant executez en grand, ils fassent à l'œil l'effet desiré, sans estre obligé si on ne veut, de faire de grandes & inutiles dépenses en modelles, & à détruire pour rétablir ou refaire.

Tiercement, La découverte qu'à faite ledit Sieur Bosse de tracer des Arcs rampans sur trois points donnez de sujetion, & ce, par deux ouvertures de Compas, & d'autres par trois.

Et en quatriéme lieu, Ses Volutes Ioniques en ovales par le moyen du Compas; dont l'Auteur du Livre des Paralelles de l'Archetecture y a dit, que cette maniere de Volutes a esté fort pratiquée par les Antiques, & que la methode de les faire estoit difficile, & n'avoit point esté découverte jusques à present; Mais avant luy Paladio en a aussi dit quelque chose en son 4me Livre, pages 239. & 241. pour le Temple de la Fortune Virile, & c'est ce qui a excité le Sieur Bosse de découvrir le moyen de les faire. Depuis peu il a esté dit, que Monsieur de Chambray & Paladio se sont mépris, & que celles qu'ils ont creu estre ovales ne le sont point, ce que je laisse à decider à ceux qui disent le contraire, & à mondit Sieur de Chambray de soûtenir ce qu'il en a avancé. Le Sieur Bosse a encore representé dans ce Traité, en cinq Estampes, l'erreur où nombre de Peintres en estime & autres Dessinateurs sont tombez en la representation perspective des Boules, Vazes, Colonnes, Figures humaines & tels autres objets, en y mettant à chacun un point de veuë, & mesme deux, pour les membres qui entourent rondement la Colonne, ainsi que les Tores, astragales, cavets, scocie, poulie ou obscure, oïes & listeaux, comme cela se voit dans un ridicule Traité de Perspective dedié à M. le Brun, où son Auteur y a declaré que c'est ledit Sieur le Brun qui luy a inspiré ce qu'il contient.

Depuis quelques mois le Sieur Bosse a corrigé en ce Traité d'Architecture des méprises de chiffres & de lettres pour la mesure & intelligence de diverses choses qu'il contient; *Il est grand In-Folio, & imprimé en 1664.* A sa fin il y a diverses Portes construites & ornées de ces Ordres, tant avec colonnes qu'avec pilastres, qui sont à mon sens les plus beaux ornemens & les plus raisonnables qu'on leur puisse donner, pour ne point tomber dans la composition de plusieurs Auteurs, & de celles du Petit Vignole de feu Monsieur le Muet, qui tiennent fort du Gottique. Et pour ce qui est de ces Ordres, quoy que l'Architecte des Portes S. Denis &c. en pourroit dire, je suis tres asseuré que le Sieur Bosse ne conseillera jamais à aucun Disciple ou Etudiant en cet Art d'en commencer la pratique sur un Auteur qui en auroit *alteré les veritables proportions*, pour ensuite *passer à ceux de Paladio & de Scamozzi*; d'autant qu'il vaut mieux contracter d'abord de bonnes habitudes que de mauvaises, bien *que leur derniere Traduction fust plus Françoise que la premiere*, estant tout certain que ce meilleur François ne fera pas que ces disproportions puissent faire *un assez bon effet*. Mais cela peut n'avoir esté dit que pour mieux faire debiter le *petit*

Vignole que Monsieur Iollain a fait copier sur copie de copie.

Par une Estampe que le Sieur Bosse *a mise au jour en 1674*. de quatre Ordres Corinthiens, l'un de Paladio, & l'autre de Vignole; puis les deux autres qu'il a faits sur ces deux Auteurs & sur son raisonnement, par lequel on pourra voir si il a moins fait qu'eux en cela, outre ce qu'il y a mis au sujet des Chapiteaux de Piliers & Pilastres de ces Ordres, & autres particularitez. Enfin ledit Sieur Bosse aura toûjours la satisfaction d'avoir choisi pour ces Ordres le beau & le bon de Paladio, que les Sçavans en l'Art tiennent pour le plus excellent des modernes, & aussi en ce qu'il a toûjours convenu de belles & bonnes choses qui sont dans le Traité des Paralelles, dont un Particulier qui apres en avoir tres-mal parlé en public, a depuis témoigné avec justice en avoir esté desabusé.

Comme ledit Sieur de Chambray n'avoit mis en sondit Traité le profil & élevation d'une Colonne & entablement de l'Arc de Titus de Rome qu'en perspective, sans les mesures, le Sieur Bosse l'a representé bien regulierement dans le sien en geometral, avec ses mesures, qui est à mon œil un des plus beaux Composé qui se voye.

Le 9.me est un Traité des Leçons Geometrales & Perspectives qu'il a gratuitement enseignées dans l'Academie R. de la P. & S. à la priere de ceux qui la composoient, y ayant ajoûté nombres de choses tres-necessaires aux Peintres, aux Sculpteurs & autres Dessinateurs qui ont besoin de Geometrie pratique, lesquelles il a tirées des Elemens d'Euclide, & le moyen de prendre par mesure les Plans, profils & élevations de divers Objets accessibles & inaccessibles; ensuite une ample Pratique universelle & geometrale des jours, ombres & ombrages, à la lumiere du Soleil, & aussi du flambeau ou lampe, sur les divers Corps ou objets; puis leurs reflexions sur la terre & sur l'eau, & quelque chose de leur refraction dedans l'eau. C'est en ce Traité où est representé un Piedestal d'ordre Toscan en perspective par le moyen du profil; & de couper l'Echelle perspective fuyante pour un Tableau en triangle, dont le point de veüe est au sommet; & autres particularitez qui aux intelligens prouvent assez l'universalité de ladite Regle. Il y a aussi une Estampe où est la representation d'un instrument tres-simple pour avoir geometralement les plans & élevations des objets modelez reguliers ou non, mis ou posez sur un plan de niveau en toutes sortes d'atitudes.

Leçons Geometrales & Perspectives.

Au Discours sans figures de ce Volume, page 10. Chap. V. il y a de considerables Avis sur plusieurs fautes notables que l'on commet aux Desseins, Tableaux & Bas-reliefs, quand on ignore la Regle de la Perspective, ensemble le moyen de les éviter.

Page 17. Chap. VI. est traité des erreurs qui se commettent au Coloris, en son affoiblissement & en ses reflexs; & le moyen d'y remedier.

Page 23. Chap. VII. Méprises des Peintres qui colorent aux petits Tableaux, les objets reduits en petit, aussi fortement que les grands naturels, & comme il en faut user.

Page 25. Chap. VIII. Raisonnemens & Avis importans sur la pratique de Dessiner, pour se rendre capable, s'il se peut, d'inventer ou produire de soy-mesme.

Page 33. Chap. IX. est traité des particularitez sur la position d'un Modelle, soit naturel ou autre, avec l'application des draperies ou étoffes dessus. A la fin de ce Volume il y est encore donné une Instruction pour éviter nombre d'erreurs que plusieurs Dessinateurs, Peintres, Sculpteurs, (mesme en haute estime,) commettent en leurs ouvrages; avec un Avertissement de ne se laisser surprendre par de faux preceptes énoncez en plusieurs Traitez, témoin la Lettre que feu Monsieur le Poussin le plus sçavant Peintre que nous ayons eu depuis Raphaël d'Urbin, a écrite audit Sieur Bosse à l'occasion d'un Traitté attribué à Leonard de Vinci Peintre Italien, laquelle il a inserée dans celuy-cy, avec les Remarques que ledit Sieur Bosse a faites sur 44. de ces Chapitres. Il y a aussi la veritable & extraordinaire Pratique de Dessiner sur le naturel à veuë d'œil, par laquelle on évite l'erreur de le representer & peindre comme l'œil le voit, mais bien de faire en sorte que la copie que l'on en fera, fasse avoir à l'œil la mesme sensation ou vision du naturel (qui doit estre le vray but du Peintre;) Et à la fin, il y donne une Pratique geometrale & perspective propre aux Sculpteurs, pour bien representer leurs Bas-reliefs, & plusieurs choses tres-utiles & curieuses, qui n'ont encore esté ny citées, ny expliquées avant luy. Il est In-8°. imprimé en 1665.

Peintre Converty. Le 10me, Une tres belle & bonne Instruction pour bien commencer à Dessiner & Peindre, intitulé *Le Peintre Converty aux precises regles de son Art*; qui est un *Dialogue* de quatre personnes au sujet de l'Architecture, du Dessein, & de la Peinture; la premiere est *de Condition*, la seconde est *un Architecte*, la troisiéme *un Peintre*, & la quattriéme *un Eleve ou Disciple en l'Art de Peinture* : La premiere s'entretient avec l'Architecte & le Peintre sur ce qui concerne la capacité d'un Architecte, & si elle dépend principalement de sçavoir bien dessiner ou non ; Ensuite le Peintre s'enquiert du Disciple, comme il a d'abord esté instruit en la pratique du Dessein & de la Peinture ; ce que le Disciple luy ayant fait voir, & de plus par sa seconde pratique, que ces raisons estoient fondées sur les veritables regles de la Perspective, le Peintre est contraint d'y acquiescer, & en revanche luy dire de tres belles & bonnes choses. Vers la fin de ce Traité il y a de belles & utiles remarques sur la decoration des Bastimens, tant en ce qui concerne la Peinture que la Sculpture ; puis un Avertissement & Instruction pour ne point tomber dans l'erreur de placer des Tableaux & des Bas-reliefs de representation verticale sur des superficies horizontales & inclinées, soit plattes ou courbes, à moins que les objets soient supposez élevez en l'air, ou posez sur des nuées ; particularitez qui surprendroient bien du monde, si on cottoit les lieux où l'on a commis ces erreurs si grossieres ; Et enfin, quelques Considerations essentielles sur quelques petits Traittez, l'un qui a pour titre, *La Peinture Poëme*, & l'autre de feu *Monsieur du Frénoy*, qui est Latin & François, où l'on y a dit, enseigné & representé plusieurs choses fausses, & de plus avancé (pour tascher de s'en deffendre) ces galimatias ridicules, qu'il faut prendre *des licences* au prejudice de la regle de Perspective ; & d'autres aussi, qu'il convient la corriger par celles *de bien-seance*, que l'on n'explique point. *Il est In-8° & imprimé en 1667*.

Dans ce Traité est un Abregé de ce *Catalogue*, auquel on y voit, que les Estampes ou Figures contenuës en tous ces Traitez tant grandes que petites, sont au nombre de plus de 600 : Il finit par une Osthologie du corps humain, & une Anatomie du Peintre en vers Burlesques, qui sont deux choses tres galantes & curieuses.

Il a depuis donné au Public en deux feüilles volantes, des observations geometriques de la découverte de Monsieur de la Hire sur les points d'attouchement de trois lignes droites qui touchent la section d'un Cone sur quelques-uns des diametres, & sur le centre de la mesme section ; Et ensuite une *Regle Vniverselle* tres-juste & facile pour décrire toutes sortes d'Arcs rampans sur des points donnez de sujettion, soit Eliptiques,

Ars rampans.

Paraboliques & Hyperboliques, avec une Reigle mince & pliante, sans se servir des axes, des foyers, ny du cordeau; ensemble la maniere d'y tracer les joints de face de leurs pierres. Elles sont *grand In-Folio, faites en Septembre & Decembre 1672.*

Dans le Traité d'Architecture du Sieur Bosse, en l'Estampe XXXIII. il a esté representé & dit quelque chose en 1664. suivant le desir de Monsieur Blondel Professeur Royal aux Mathematiques, auquel je sçay qu'en 1661. le Sieur Bosse luy fit voir ses Arcs rampans faits sur trois points donnez de sujettion par deux ouvertures de compas, & quelques-uns par trois, puis ses Volutes Ioniques en ovale, & ensuite plusieurs choses concernant l'Architecture & la Perspective, dont aucun n'avoit encore traité; avec le tracement de la ligne courbe du Fust des Colonnes, non par Machine ou Instrumens (comme luy) mais par des points donnez geometriquement, & une Regle mince & pliante, ainsi que cela se peut voir en ladite Estampe XXXIII. *Pratique connuë de quelques Ouvriers.*

Au sujet des deux precedens articles, ayant esté demandé au Sieur Bosse d'où peut venir le refroidissement de Mr B.. envers luy; Il dit qu'il n'en peut accuser que la foiblesse humaine, & que par ce qui suit on en pourra juger.

Lors que le Sieur Bosse fit present à Mr B.. de quelques feüilles volantes où sont des Observations, & une Regle universelle de décrire ou tracer les Arcs rampans énoncez au premier des deux precedens articles; Il fut fort surpris de luy entendre dire, que cela estoit pris de luy; A quoy le Sieur Bosse repartit, qu'il pouvoit bien se méprendre; ce qui estoit tres-vray.

Si Mr B.. s'est plaint de ce que le Sieur Bosse n'a pas entrepris à ses frais & dépens toute l'impression & la graveure de son Livre où sont des Arcs rampans &c. quand il le luy fit proposer en 1664. par un Amy commun, c'est à tort; puis que ledit Sieur Bosse répondit civilement à cet Amy, Qu'il ne le pouvoit, à moins de s'attirer un procez contre les Libraires, d'autant qu'il n'en auroit esté ny l'Auteur, ny le Commentateur.

S'il a aussi dit, que le Sieur Bosse a bien voulu faire imprimer lesdites feüilles volantes cy-devant citées, Il peut répondre; que cela ne pouvoit pas luy porter prejudice comme son

Ouvrage, qui eust composé un tres grand & gros Volume.

Et je conclus par ces apparences, que si Mr B.. n'a témoigné de grandes amitiez audit Sieur Bosse durant plusieurs nombres d'années que par interest, il a raison de croire ne luy estre pas fort obligé.

Outre ce qui precede, le Sieur Bosse a trois ou quatre Traitez fort avancez, l'un pour l'instruction de la Jeunesse, à commencer le dessein ou la portraiture à veuë d'œil de toutes sortes de manieres, soit au crayon, à la plume & au pinceau ; qui est ce que doit contenir sa premiere partie ; Et en la seconde, toutes celles de peindre & colorer, mesme d'émail, sur l'or & sur le cuivre, puis sur le verre, que les Vitriers nomment travail d'aprest ; L'autre, sur les proportions du corps humain, par le moyen des essieux & de l'échelle du pied, pouce & ligne ; Ensuite un du Trait pour la seconde partie de la Coupe des Pierres ; & celuy bien ébauché dans son Traité d'Architecture, du moyen d'arrester en petit sur le papier les plans, profils & élevations des Bastimens, ensemble ses Ordres & autres ornemens qui y doivent convenir ; de sorte qu'estans executez en ouvrage effectif, ils fassent à l'œil (ainsi qu'il a esté dit) l'effet desiré : Ces Traitez auroient parû il y a bien du temps, sans d'autres travaux qu'il luy a fallu faire ; & pour dire plus, si il n'eust manqué de fonds.

Il pourra bien aussi, si Dieu le luy permet, donner par Impression l'Angle solide de feu Monsieur Desargues, & autres particularitez, afin de faire connoistre de plus en plus qu'il a toûjours preferé le bien public au sien, & témoigné un tres-grand amour pour le vray, & sur tout en choses necessaires & utiles ; car il a composé, dessiné, gravé & fait imprimer toutes ces choses à ses frais & dépens, à mesure qu'il luy venoit du fonds, (& le tout sans avoir mandié la bourse d'autruy, ny jusques à ce jour receu present de qui que ce soit) de sorte qu'il peut dire qu'une bonne partie du Public & luy, estoient obligez à ceux qui par une crace envie accompagnée d'ignorance, ont fait des Libelles diffamatoires & ridicules contre sa personne & ses Traitez, sans y oser mettre leurs noms ; parce qu'ils l'ont d'autant plus obligé à travailler pour les desabuser & faire voir leurs erreurs & béveuës, sur tout à ceux qui se rangeoient innocemment de leur party ; ce qui à present se connoist & se connoîtra davantage de jour a autre, sur tout aux ouvrages des nouveaux Disciples, & de ceux qui abandonnent ces erreurs, & mesme de ses plus malins & méconnoissans envieux; & de verité, c'est pourtant, à mon sens, une chose tres-honteuse, que la posterité sçache; que dans un siecle si éclairé que celuy-cy, on ait traité de la sorte une personne, qui outre qu'elle a sacrifié pour le Public ses soins, ses veilles & son bien, n'a jusques à present rien produit que d'original & de vray, ainsi que cela a esté & se peut encore démontrer; car l'on doit voir que la plus grande partie de ces Traitez contient chacun assez de matiere pour en faire composer nombre de gros Volumes, par ceux qui abusent le public de fleurettes & de recits mille fois reïterez, qui ne peuvent servir qu'à les grossir & à ennuyer les Lecteurs; lesquels sont suppliez de faire s'il leur plaist, une sincere reflexion sur le grand nombre de choses nouvelles, utiles & agreables qui sont contenuës dans les Traittez du Sieur Bosse, & sur ce que ces malins envieux n'ont pû y donner avec justice aucune atteinte que celle de prevenir des Esprits par des écrits & discours faux, artificieux & méchans.

Mais les sçavans integres & desinteressez, ont toûjours reconneu le Sieur Bosse, de naturel à faire le contraire de ceux qui ayant esté éclairez de plusieurs choses, veulent que l'on croye qu'elles ont esté prises en leur fond, puisque dans tous ces écrits il rend à chacun ce qui luy appartient; Estant constant, qu'il n'a jamais critiqué les œuvres, ny l'humeur de ces ennemis, qu'au préalable il n'y ait esté extraordinairement forcé par leurs mauvais discours & écrits sans nom d'Auteur; à l'exclusion des deffunts Sieurs Curabelle & G. Huret son Disciple, qui se sont nommez, lesquels écrits ont avec justice esté traitez comme ils le meritoient, par les entendus en ces matieres, & mesme ce que l'on a bonnement & ignoramment mis encore depuis peu au jour dudit Huret apres sa mort, qui est un franc galimatias.

Pour conclusion, nombre d'honnestes gens sçavent, que le Ciel a vangé le Sieur Bosse de plusieurs de ces mauvais Entagonnistes, en attendant le reste ou leur convertion; & que outre les quatre années d'excellentes Leçons qu'il a gratuitement données dans l'Academie R. de P. & S. tant des Ordres de Colonnes de l'Architecture, que de la Perspective, comme sa Lettre d'agrégié en icelle le confirme; Qu'il a depuis toûjours en ces choses & autres continué de bien servir le Public, par faire voir nombre de méprises & d'erreurs, que plusieurs de ces envieux ignorans, vouloient faire passer pour bonnes; Et pour moy je sçay, que si il avoit fait un recit des mauvais offices qu'on luy a encore injustement rendüs depuis quelques années pour de tres-bons & obligeans, & des méprises & erreurs tres-considerables que telles gens ont commises, tant en des ouvrages publics qu'autres, cela surprendroit extraordinairement les personnes qui font profession d'équité, de droiture, de sçavoir, & de reconnoissance; Car pour les fourbes interessez, ingrats, envieux & ignorans, c'est leur profession d'agir mal, & de ne rendre jamais témoignage d'avoir appris d'autruy.

Ceux qui desireront ces Traittez, & d'en avoir de vive voix l'Explication, sçauront; que le Sieur Bosse demeure à Paris; en l'Isle du Palais sur le Quay de l'Horloge, vis à vis celuy de la Megisserie & du Fort-l'Evesque, au premier Estage.

Raisonnement d'étaché de ce que dessus mis au sujet de deux pages qui seroient restées blanches?

PLUSIEURS sçavent, que l'on peut estre aussi sainement & commodement vestu d'un habit tout simple ou uny, que s'il estoit enrichy de passemens, de dantelles, broderies ou tels autres ornemens, & que de mesme on peut estre sainement, seurement, & commodement logé dans une maison, bien que ces Murs exterieurs & interieurs, piliers, avant-corps, & autres dépendances d'icelle, fussent destituez d'ornemens d'ordres de Colonnes, & autres qui ne servent d'ordinaire qu'à donner de l'agrément à l'œil.

Ils peuvent aussi sçavoir, outre ce qui en a esté dit au Traité d'Architecture du Sieur Bosse page XXXIV, que des Anciens qui ont inventé ces Ordres, la maniere de construire leurs Temples & leurs autres Edifices publics; Ensemble ceux de leur habitation estoient tous differens des nostres, tant à cause de leur climat, que de leur usage & commodité; car ils ne faifoient point d'ordinaire de jours ou feneftres à leurs Temples, affectant d'y faire leurs Ceremonies à l'aide de lumieres artificielles, & auffi pour le beau de leurs habitations, qu'ils en prenoient toûjours le bas, afin de joüir de la fraifcheur, & même faifoient fouvent pour y eftre à l'ombrage, des plattes formes ou terraces, Porches, & tels autres corps en faillie; Ce qui me fait dire, que pour noftre ufage, nous ne devons pas rechercher dans l'antiquité, la forme de leurs cheminées, ny de leurs Degrez ou Efcaliers, & telles autres chofes, ny nous étonner, qu'ils n'ayent pas trouvé comme nous cette naturelle maniere de conftruire ces beaux Degrez fans iregularité ny reffauts. Et fi à noftre égard nous nous voulons fervir de leurs Ordres de Colonnes & Pilaftres pour la decoration de nos Edifices, tout le fecret eft de les y bien placer, compofer & proportionner, fuivant de raifonnables diftances & élevation d'œil; & non de pretendre s'en fervir par tout fur une mefme mefure & proportion, & fuivant le gouft des differens Auteurs qui en ont écrit, car mefme celuy ne feroit pas bien qui fuivroit par tout exactement la penfée & les mefures de Paladio, (quoyque le meilleur de tous nos Auteurs,) puifqu'il a témoigné par écrit & par la reprefentation de ces Ordres en fon premier Livre au Chapitre des Abus, qu'il faut en leur compofition que les parties deftinées apporter fardeau, paroiffent paftir & s'affaifer fous la charge qu'ils portent, car fans contredit cela eft contre raifon; fur tout en fait d'un Baftiment, puifqu'au contraire il doit plûtoft parêtre à l'œil naiftre ou s'élever de terre que d'y parêtre rentrer ou enfoncer.

Et c'eft ce qui a obligé le Sieur Boffe au Traité de ces Ordres, d'en fortifier quelques membres, & y fuppléer par le tracement de leurs profils, afin d'ofter à l'œil cette fenfation d'applatiffement; & de plus donner les moyens de ce faire, fuivant de raifonnables diftances & élevation d'œil, qui font fouvent de fujettion, ce que n'a point fait Paladio en fon Traité, ny l'Auteur des Paralelles au fien, ny mefme aucun autre.

Le Sieur Boffe ayant de long-temps remarqué, que Vignole defirant faciliter la pratique de deffiner & faire ces Ordres en relief, en avoit par trop alteré les vrayes proportions, il n'a pas creu non plus le devoir imiter, eftant ridicule de voir ces Piedeftaux, quoyque du tiers de leurs Colonnes parêtres fi foibles & fi greffes, puis leurs Traverces ou Entablemens fi péfantes sur les Colonnes, l'Ordre estant mesme sans Piedestal, & par ainsi, si il n'avoit veu lieu de leur donner une plus complette proportion, & facile pratique pour les dessiner & entendre, que ces Auteurs; il n'auroit pas entrepris d'en faire un Livre, ny en ayant que trop en lumiere, & mesme de bien ridicules; Mais ces augmentations estant à mon sens tres-considerables, & d'abondant plusieurs autres particularitez originales qui se trouvent au sien & non en d'autres, (ainsi que j'ay dit) il le la creu utile au Public, & mesme d'y conseiller fuïr toutes ces compositions de Colonnes renflées & torses, puis ces Piliers & Pilastres diminuez; attendu que se sont choses qui choquent la veuë, la simetrie & la solidité.

Pour ceux qui veulent tirer l'origine de cette construction d'ordre, de plusieurs Ecrits fabuleux d'auteurs Payens, ils me permettront de dire, que je ne les croy pas si asseurez que ceux qui se fondent sur ce qui en est dit en divers lieux des sacrez Cahiers.

D'autres se pouroient aussi bien méconter, en croyant que la proportion de ces beaux Ordres ne ce doit prendre que armoniquement, comme en fait de musique; & d'autres encore par traditive de l'un à l'autre, suivant le caprice d'un chacun sans quelque solide & raisonnable fondement.

Mais pour ceux qui la tiennent devoir estre traitée Geometriquement par raison d'optique & de Perspective, determinée suivant les sujettions d'une élevation & distance de l'œil à ces Ordres; je les croy sans comparaison bien mieux fondez; puisque d'absoluë necessité c'est ce qu'il faut faire.

Ayant esté dit un peu brusquement en Public, que *Michel Lange (qui n'estoit pas un sot)* s'en estoit servy pour quelques membres du Temple de S. Pierre à Rome, cela peut estre un preparatif à faire croire, que l'on ne contestera pas avec raison, ce que le Sieur Bosse en a avancé en Public il y a plus de 29 années, puis écrit & representé en son Traité d'Architecture & autres de ces Livres, non seulement au sujet de quelques élevations & saillies des Corniches, mais aussi pour l'agrément du total desdits Ordres, & mesme pour les plans des Bastimens & semblables ouvrages destinez à contenter la veuë.

Comme plusieurs qui enseignent les Mathematiques, & d'autres qui en ont seulement oüy parler, veulent que les jeunes Esleves ou Disciples, qui desirent apprendre les pratiques des

Arts de Portraiture, Architecture, Sculpture, Graveure, & tels autres où il faut sçavoir bien dessiner, apprennent d'abord la Geometrie Theorique où les Mathématiques, (*qui est un abisme sans fonds,*) j'ay crû raisonnable de les avertir icy, de n'en rien faire, crainte de n'estre un jour rien moins que bons praticiens en l'Art dont ils auront fait election, mais bien leur conseiller d'apprendre celle que l'on nomme Geometrie pratique.

Ce qui ne les exclura pas un jour estans forts d'esprit, & sçavans en leur profession, qu'ils ne puissent en venir par curiosité à s'instruire de cette belle & noble Theorie.

Je finis donc en avertissant, que pour n'estre point sujet à mépriser des choses dans un temps, & les estimer en un autre, ou bien en les estimant d'abord & mépriser ensuitte, il faut les avoir bien examinées & entenduës, sur tout en fait de Regles universelles d'Art, & mesme entierement compris où elles se peuvent appliquer ; car tel peut parler des Regles de l'Art de Perspective & d'Architecture, sans sçavoir le nombre comme inombrable de particularitez & d'Arts où elles peuvent servir.

En Octobre 1674.

L. S. D.

www.ingramcontent.com/pod-product-compliance
Lightning Source LLC
Chambersburg PA
CBHW060456050426
42451CB00014B/3355